Sarah Stephens

EMILY HUWS

Wmffra

Darluniau gan David Arthur

GOMER

Argraffiad cyntaf—1991

ⓑ y testun: Emily Huws, 1991 ©

ⓑ y darluniau: David Arthur, 1991 ©

ISBN 0 86383 780 8

Dymuna'r cyhoeddwyr gydnabod cymorth a chyfarwyddyd
Adrannau'r Cyngor Llyfrau Cymraeg a noddir gan Gyngor
Celfyddydau Cymru.

Argraffwyd gan
J. D. Lewis a'i Feibion Cyf., Gwasg Gomer, Llandysul

I Siân a Dewi
oddi wrth
Wmffra

Wmffra Huws ydw i.

Mae f'enw i ac enw fy nghartref ar fy ngholer.

Fi sy'n gwarchod y lle drwy gydol y dydd.

Fi sy'n edrych ar ôl y ddynes 'ma hefyd.

Em ydi ei henw hi, ac mae hi'n dweud 'mod i'n gariad mewn croen ac yn werth y byd yn grwn gyfan.

Byddaf yn symud y llenni ar ffenest fy 'stafell efo 'mhawen er mwyn i mi gael gweld popeth sy'n digwydd ar y buarth.

Pan welaf i rywbeth gwahanol, neu pan glywaf sŵn rhywbeth yn dod dros y grid yng ngwaelod y lôn, byddaf yn cyfarth nerth esgyrn fy mhen i ddweud wrth y ddynes 'ma.

Byddaf yn chwyrnu'n ffyrnig ac yn ysgyrnygu 'nannedd os daw rhywun yma a hithau oddi cartref.

Pan ddaw rhywun dieithr yma, byddaf yn cadw'n glòs, glòs at ei hochr i'w hamddiffyn hi nes y bydd hi'n dweud, 'Dydyn nhw ddim ar berwyl drwg, Wmffra. Rydw i'n falch o'u gweld nhw.'

Fi sy'n edrych ar ei hôl hi.

Wel...mae'n rhaid i rywun wneud.

9

Erstalwm byd, doeddwn i ddim yn byw yma.

Mae gen i frith gof o fy mam, ac o'm brodyr a'm chwiorydd.

Ar ôl eu gadael nhw, fe fûm i'n byw efo rhyw blant.

Wedi i mi fod yno am dipyn, roedden nhw wedi blino arna i.

Un diwrnod, fe aethon ni am dro yn y car.

Agorwyd y drws ac fe'm gwthiwyd i allan.

Aeth y car yn ei flaen.

Fe redais i ac fe redais i nes bod fy mhawennau i'n gig noeth, ond fedrwn i yn fy myw ddal y car.

Doedd gen i ddim gobaith.

Daeth plismyn, a mynd â mi i gartref cŵn.

Yno'r oeddwn i pan ddaeth y ddynes 'ma i ofyn tybed oedd yno gi eisiau cartref.

Roedd pawb arall yn rhedeg yn ôl ac ymlaen gan gyfarth yn fyddarol a chwifio'u cynffonnau'n wyllt wirion.

Wnes i ddim.

Arhosais yn llonydd fel delw.

Pan ddaeth hi ataf i, edrychais i fyw ei llygaid hi.

Gwthiais fy mhawen fawr, felen drwy wifren y cawell a'i rhoi ar ei braich hi.

Mae hi'n dweud ei bod hi o dan fy mhawen i byth er hynny.

Dim ond rhyw ddiwrnod neu ddau y bûm i yma efo hi nes i mi fynd yn sâl.

Yn sobor o sâl.

Yn sâl fel . . . yn sâl fel ci.

Gefn perfedd nos oedd hi a minnau'n teimlo'n ddigon sâl i farw.

Felly, dyma fi'n agor drws f'ystafell ac yn straffaglio i fyny'r grisiau i ddweud wrth Em.

Gwthiais fy nhrwyn i gledr ei llaw hi.

Llyfais ei boch.

Dim ond eisiau ei deffro hi i ddweud 'mod i'n sâl roeddwn i.

Doedd arna i ddim eisiau'i dychryn hi.

Ond fe ddychrynnodd hi am ei bywyd am fod fy nhrwyn i'n boeth fel colsyn.

Brysiodd i wneud gwely i mi ger erchwyn ei gwely hi.

Aeth i nôl diod o ddŵr oer i mi.

Ychydig iawn ohono fedrais i ei lepian.

Chysgodd yr un ohonom ni'n dau yr un winc drwy'r nos.

'Distempar,' meddai'r mil-feddyg pan welodd o fi.

Roedd o'n andros o flin efo Em.

'Pam ar wyneb y ddaear na f'asech chi wedi gofalu fod y ci wedi cael brechiadau rhag iddo fo gael y salwch?' gwaeddodd.

'Fe ddylai pob ci bach, POB UN gael brechiadau rhag iddo fo gael distempar. Mae'n hollol anghyfrifol peidio â gofalu am hynny. Mae'r creadur bach yn ddifrifol sâl. Ydach chi'n sylweddoli hynny?'

'Nid fy nghi i oedd o pan oedd o'n gi bach,' eglurodd Em â'i llais yn gryg.

Roedd ei llygaid yn llenwi a'i cheg yn gam braidd.

Ar ôl iddi ddweud fy hanes wrtho, ymddiheurodd y mil-feddyg.

'Dydi rhai pobl ddim ffit i gadw pry genwair, heb sôn am gadw ci,' meddai fo.

Roedd o'n ffeind iawn efo ni'n dau ar ôl hynny.

'Ceisiwch beidio â phoeni,' meddai.

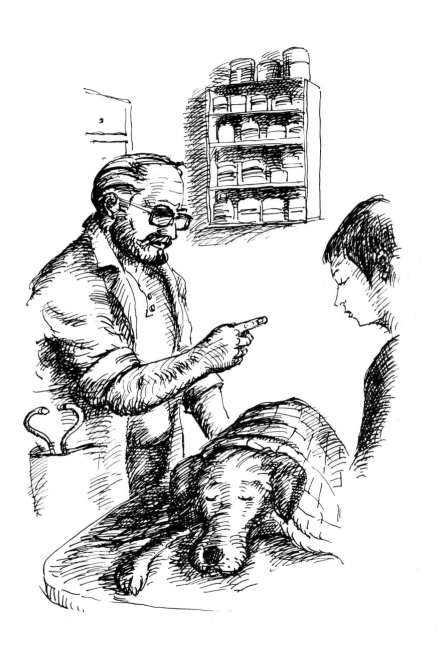

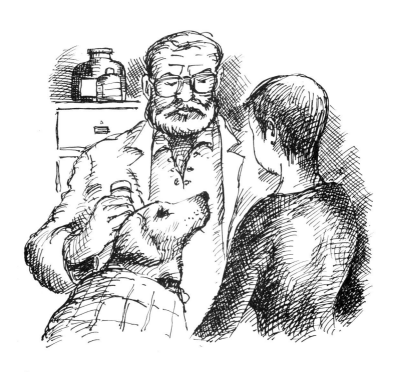

Ond roedd hi'n poeni'r un fath yn union.

Rhoddodd dabledi iddi i'w rhoi i mi . . . dwy bob pedair awr.

Cefais ddau bigiad yn fy nghlun.

'Fe fydd yn rhaid i mi ei weld o eto fory,' meddai fo.

Fe'm gwelodd i drannoeth, drennydd a thradwy.

Erbyn hynny, roeddwn i'n teimlo ychydig bach yn well, ac yn medru yfed rhywfaint o ddŵr heb i Em orfod ei roi yn fy ngheg efo llwy de.

Fe wnaeth hi fara llefrith efo sgenten denau o siwgwr gwyn mân drosto fo i mi, er mwyn i mi gael y nerth, meddai hi.

Wedyn, fe ferwodd hi gyw iâr er mwyn i mi gael maeth o'r potes.

Ychydig bach, bach fedrwn i ei fwyta ar y tro.

'Dyna gi da wyt ti,' meddai Em bob tro'r oeddwn i'n llwyddo i lyncu cegaid.

A bob tro, roeddwn i'n llyfu cefn ei llaw hi i ddweud, 'Diolch yn fawr i ti am edrych ar f'ôl i,' ac yn rhoi 'nhrwyn yng nghledr ei llaw hi i ddweud, 'Roedd hwnna'n dda iawn.'

Roedd hithau'n rhoi ei braich am fy ngwddw i i ddweud, 'Brysia di i wella, 'ngwas i.'

19

Y diwrnod cyntaf y medrais i godi a bwyta a mynd allan i'r buarth, fe lenwodd ei llygaid hi.

Ac o un i un fe rowliodd y dafnau dros ei hwyneb hi.

Llyfais y dagrau hallt i ddweud, 'Rydw i'n well. Does dim eisiau i ti grio, siŵr iawn.'

Ond fe griodd hi fwy fyth a sychu'r dagrau ymaith â chefn ei llaw.

Bob bore, fel y bydd hi'n dyddio, fe fydd y ddynes 'ma'n codi.

Fe fyddaf yn ei chlywed hi'n dod i lawr y grisiau a byddaf yn codi o'm gwely yn barod i'w chroesawu.

'Sut wyt ti'r hen gi?' fydd ei chwestiwn hi.

Byddaf yn ysgwyd fy nghynffon fel pendil
cloc i ddweud, 'Rydw i'n hynod o falch o dy
weld di.'

Wedyn, fe fydd hi'n agor y clo ar y drws
allan er mwyn i ni'n dau gael mynd i'r buarth.

Fe fydd hi'n dawel fel y bedd.

Dim sŵn traffig yn dod o'r ffordd fawr.

Dim sŵn i darfu arnom ni o gwbl.

Fe fydd y fuwch a'r llo yn rhyw stwyrian tipyn bach, a thylluan neu ddwy yn dal i hwtian yn oer draw yn y coed heb sylweddoli ei bod hi'n hen bryd iddyn nhw fynd i glwydo.

Yn aml iawn, bydd rhyw lond dwrn o sêr yn wincian yma ac acw yn yr awyr a darn o leuad fain yn sbecian arnon ni o'r tu ôl i'r cymylau.

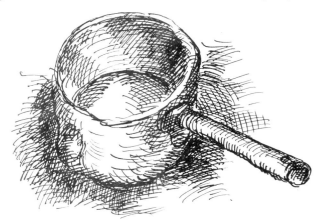

Fe fyddaf i'n cael fy mrecwast tra bydd y ddynes 'ma'n mynd â thamaid i'r ieir.

Erbyn iddi ddod yn ôl, byddaf wedi llowcio pob tamaid, ac wedi llyfu'r sosban yn lân i ddangos mor flasus oedd o.

Pan fydd Em yn plygu i godi'r sosban, fe fyddaf yn rhoi rhyw lyfiad bach sydyn i'w llaw hi neu'i boch hi i ddweud, 'Ew, roedd o'n dda. Diolch yn fawr.'

Fydda i byth yn methu.

Â goleuadau'r buarth yn llifo fel llafnau ar draws y ddaear, a golau ffenestri'r beudai fel llynnoedd yma ac acw gyda'r tywyllwch y tu hwnt, fyddech chi byth yn meddwl fod yna neb ond ni'n dau yn y byd mawr i gyd.

Mae'n braf, braf.

Fe awn ni wedyn wysg ein trwynau ar hyd y caeau.

Yno, fe awn ni dow-dow drwy'r gwyll yn fodlon ddigon.

Weithiau, fe af i ar wib ar ôl cwningen neu ysgyfarnog.

Colli'r ras wna i bob tro, ond rydw i'n dal i obeithio.

'Gwell lwc 'fory.'

Dyna fydda i'n ei feddwl.

Dro arall, fe fyddaf yn llwyddo i godi trywydd yr hen lwynog drwg, drewllyd.

Un slei ydi o.

Cha i byth gip arno fo.

Ond fe fyddaf yn rhedeg yn wyllt yn ôl ac ymlaen i ddangos ble bu o'n troedio gefn nos.

Fydda i ddim yn cymryd unrhyw sylw o'r defaid sy'n pori ar y caeau neu yn swatio yn sawdl y clawdd.

Fyddan nhw'n cymryd dim sylw ohonof i chwaith.

Maen nhw'n meddwl mai peth du-a-gwyn ydi ci.

Ar ôl mynd i'r tŷ, fe gaf i gyntun bach tra bydd y ddynes 'ma yn godro'r fuwch ac yn rhoi llith i'r llo.

Yna, i'r tŷ â hi i gael brecwast.

Allan wedyn yn gwisgo dillad parchus.

25

Cyn mynd drwy'r drws, yn ddi-ffael, fe ddaw hi ataf i a dweud, 'Hwyl fawr, 'rhen gi. Wela i chdi heno.'

Fe fydd hi'n mwytho fy mhen i ac yn cosi 'nghlustiau i.

Fe fyddaf innau'n ysgwyd fy nghynffon i ddweud, 'Hwyl fawr, Em. Brysia adra.'

Oherwydd mae'r dydd yn hir ac yn ddiflas sobor hebddi hi.

Fe fydd hi'n gyrru'r car o'r garej a thrwy'r giât.

Fe ddaw hi allan o'r car i gau drysau'r garej ac i gau'r giât.

Fe fyddaf innau yn ei gwylio hi drwy'r ffenest, fy nghynffon i lawr a'm clustiau'n llipa.

Yn araf, araf, araf bach, byddaf yn ysgwyd fy nghynffon i ddweud, 'Mae'n gas gen i dy weld di'n mynd. Brysia adra.'

Fe fydd hithau'n codi'i llaw i ddweud, 'Fe fydd chwith mawr gen i ar d'ôl dithau hefyd. Cofia edrych ar ôl pob peth.'

Wel, does dim rhaid iddi ddweud.

Rydw i'n siŵr o wneud.

Fe wnaiff hi unrhyw beth i mi, ac fe wna i unrhyw beth iddi hi.

Mae'n rhaid i rywun wneud, a does yna neb arall i wneud.

Mae'r fuwch a'r defaid yn rhy brysur yn pori ar y caeau, a'r llo yn hepian yn swrth ar ei wely gwellt.

Mae'r ieir yn rhy dwp i feddwl am y fath beth.

A'r cathod?

Wel, maen nhw'n gwneud eu gwaith. . .ymlid y llygod o'r beudai.

Maen nhw hefyd yn treulio llawer o amser

yn gorweddian yn ddioglyd yn llygad yr haul neu ar y bêls yn y tŷ gwair.

A beth bynnag, does yna'r un ohonyn nhw'n rhyw falio llawer amdani hi.

Cofio amdani hi pan fyddan nhw'n teimlo'n llwglyd wnân nhw.

Dydyn nhw ddim yn rhyw ffyddlon iawn a dydyn nhw ddim yn 'tebol i edrych ar ei hôl hi.

Fi ydi ci Em.

Ar ôl i sŵn y car ddiflannu yn y pellter, a'r ddynes yma wedi mynd am y dydd, mae'r diwrnod yn hir, yn hir iawn.

Yn ofnadwy o hir.

Ambell waith fe fydd y postman yn rhoi parsel drwy ffenest f'ystafell am fod y twll llythyrau yn rhy fach.

I ddifyrru'r amser, byddaf yn archwilio'r parsel yn fanwl.

Mae'n demtasiwn fawr cnoi cornel neu ddwy.

Pan fyddaf i wedi gwneud hynny, byddaf yn

ei chael hi'n anodd iawn, iawn i edrych i fyw llygaid y ddynes 'ma pan ddaw hi adref.

Fydd hi ddim yn dweud yr un gair o'i phen.

Ysgwyd ei phen fydd hi...

Weithiau, yn ystod y dydd hir, fe ddaw Ifan a Huw i weld y gwartheg a'r defaid yn y caeau.

Fe fydd Ifan yn agor y drws i mi.

Fe gaf i ryw sgwrs fach efo nhw, a mynd am sgawt fach o gwmpas y lle, cyn mynd yn ôl i mewn i aros. . . ac i aros. . .

Tua'r amser te, fe ddaw'r ddynes 'ma adref.

Y munud y clywa' i'r car, byddaf yn neidio i edrych allan drwy'r ffenest.

Pan ddaw hi allan o'r car i agor y giât, byddaf yn ysgwyd fy nghynffon fel melin wynt mewn corwynt i ddweud, 'Helô, Em! Helô! Croeso adref! Croeso MAWR!'

Fe fydd hithau'n agor y giât ac yn galw,
'Helô, Wmff!'
Fe fyddaf i'n syllu ac yn syllu ar ei hwyneb
hi i ddweud, 'O! Rydw i'n falch o dy weld di.'
Fe fydd hithau'n edrych arnaf i i ddweud, 'Ac
mi rydw innau'n andros o falch o dy weld
dithau hefyd.'
Wedyn, fe awn ni'n dau i lawr y lôn am dro,
yn mwynhau cwmni'n gilydd yn dawel...er
mwyn i mi gael symud a rhedeg o gwmpas ar
ôl bod i mewn drwy'r dydd.

Fe fydd hi wedi rhoi bisged i mi y munud y
daw hi i'r tŷ...i ddweud ei bod hi'n falch o
'ngweld i.
Rydw i'n gwybod hynny'n barod...ond mae
hi'n rhoi'r fisged i mi'r un fath yn union.
Weithiau, fe fyddaf i'n rhedeg i nôl fy mhêl
ac yn ei gosod hi'n daclus wrth ei thraed hi.

Wedyn, fe fydd hi'n ei chicio hi i mi, a fi'n mynd ar ei hôl hi.

Dro arall, fe fydd hi'n taflu darn o bren i mi, a minnau'n dod â fo'n ôl iddi hi.

Hi'n taflu'r ffon, a fi'n dod â hi'n ôl. . .

Fe fydd hi'n dweud ei bod yn amhosibl iddi hi daflu dim byd, fy mod i'n siŵr o ddod â fo'n ôl.

Rŵan ac yn y man, fe fydd y ddynes 'ma gartref drwy'r dydd, bob dydd.

Bryd hynny, fe fyddaf wrth fy modd.

Rydw i'n falch o'i chwmni hi.

Am ei bod hithau'n falch o'm cwmni i, fe fydd hi'n gofyn, 'F'aset ti'n hoffi mynd am dro heddiw, 'rhen gi?'

Fy ateb i fydd, 'Wel b'aswn, siŵr iawn.'

Wedyn, i ffwrdd â ni yn y car.

Y traeth sy'n lle braf.

Yno y ces i 'mhêl.

Roedd rhywun wedi ei gadael hi ar y tywod ac fe'i cariais i hi bob cam yn ôl i'r car yn fy ngheg.

Unwaith, dro'n ôl, ar lan y môr, fe gymerais i gorned hufen iâ o law plentyn.

Roedd gan y ddynes 'ma gywilydd.

Fe smaliodd hi nad oedd hi ddim efo fi.

Doeddwn i ddim yn hoffi hynny o gwbl, o gwbl.

Ci Em ydw i.

Ond fe ddywedodd hi: 'Beth arall wnawn i?
Doedd gen i'r un ddimai goch ar fy elw i dalu
am gorned arall.'

Wedyn, fe siarsiodd hi, 'Paid ti â meiddio
gwneud hynna eto.'

A dydw i ddim wedi gwneud chwaith...hyd
yn hyn.

Unwaith erioed yr ydw i wedi dwyn ei bwyd hi.

Brechdan driog, wedi'i gadael bron dan fy nhrwyn i pan aeth hi i ateb y ffôn oedd hi.

Roedd y demtasiwn yn rhy fawr.

Llyncais i hi bob tamaid . . . a mynd i gysgu llwynog o flaen y tân pan ddaeth hi'n ôl.

Crwydrodd yn ôl ac ymlaen o gwmpas y lle yn chwilio am y frechdan am ryw funud neu ddau.

Yna, fe sylweddolodd hi ymhen hir a hwyr i ble'r oedd y frechdan wedi mynd.

'Wmffra!' meddai hi'n siomedig, siomedig. 'Wmffra!'

Fe geisiais fy ngorau glas i roi ar ddeall iddi hi 'mod i wedi bod yn dyheu ac yn dyheu am frechdan driog ers tro byd.

Doedd hi erioed, erioed yn ei bywyd, wedi cynnig un i mi.

Fe ddeallodd hi hefyd.

Aeth i wneud un bob un i ni.

'Ond paid ti â meiddio dwyn fy mwyd i eto,' meddai hi. 'Dydw i ddim yn dwyn dy fwyd di.'

Wel, roedd hi'n dweud y gwir.

Bob tro y bydd hi'n cael awydd am frechdan driog rŵan, fe fyddaf i'n cael un hefyd.

Yna, bob nos, fe ddaw amser gwely.

Fe fydd hi wedi gofalu cau drws cwt yr ieir rhag y llwynog coch, ac wedi cau ffenestri'r tŷ rhag y nos.

Yna, cyn noswylio, fe awn ni'n dau i lawr y lôn am ryw dro bach.

Ar noson olau leuad braf fe fydd y nos fel dydd, a'r cymylau'n nofio'n grand ar hyd yr awyr sy'n do i'r byd.

Fe fydd pob man yn dawel, dawel, a dim ond siffrwd ambell greadur i'w glywed ym môn y berth, ac ystlum neu ddau yn gwibio o'n cwmpas.

Bydd niwl y nos yn cau amdanom a neb ond ni'n dau yn y byd crwn cyfan.

Ac yn ôl i'r tŷ â ni.

Wedi mynd i mewn, fy fyddaf i'n sefyll wrth ymyl y bwrdd sydd tu allan i'm hystafell i ac yn edrych ar y drôr fach sydd ynddo.

Edrych ar y drôr . . . ac edrych i gannwyll llygad Em.

Edrych arni hi . . . ac edrych ar y drôr.

Fe fydd hi'n agor y drôr ac yn estyn asgwrn siocled i mi, ac yn dweud, 'Nos da, Wmffra'.

Fy fyddaf innau'n cymryd yr asgwrn siocled o'i llaw, yn ysgwyd fy nghynffon i ddweud, 'Nos da, Em,' ac yn llyfu'i llaw hi i ddweud, 'Diolch yn fawr'.

Yna, fe fydd hi'n dweud, 'Nos da; wela i chdi'n y bora,' yn cau'r drws ac yn mynd i'w gwely i gysgu'n dawel drwy gydol y nos, am ei bod hi'n gwybod yn iawn fy mod i, yn f'ystafell i, yn edrych ar ei hôl hi drwy'r nos dywyll nes y bydd hi'n dyddio drachefn.